Geheimbund Zauberfeder

Eine Geschichte von Irene Margil
mit Bildern von Ulla Mersmeyer

INHALTSVERZEICHNIS

LILLIS LIEBLINGE — Seite 8

TOLLE TIERE ÜBERALL — Seite 18

LILLI GIBT NICHT AUF — Seite 28

WO SIND LILLIS FREUNDE? — Seite 40

GEHEIMBUND ZAUBERFEDER — Seite 54

MITMACH-SEITEN — Seite 68

Gemeinsam lesen ist eine super Sache –
mit deinen Eltern.
mit deinem Freund.
mit deiner Schwester.
mit deinem Bruder.
mit deiner Oma.
mit deiner Schulfreundin.
mit deiner Schulklasse ...
Mit wem liest du am liebsten gemeinsam?

LILLIS LIEBLINGE

„Tschilp-tschilp, schip-schip".
Lilli wacht von einem bekannten Geräusch auf.
„Tschilp-tschilp, schip-schip".
Draußen dämmert es.
„Tschilp-tschilp, schip-schip", rufen die Spatzen
vor dem Fenster.
Lilli lächelt zufrieden und blinzelt zur Uhr.
„Bald gibt es Frühstück", sagt sie zu den Vögeln.
Dann kuschelt sie sich in ihre weiche Bettdecke,
die sie bis über den Kopf zieht.
Nur ein paar braune Haarsträhnen sind noch
zu sehen.
Überall im Zimmer hängen Tierposter.
Von den Wänden schauen ein Igel, ein Kaninchen,
eine Katze, ein Eichhörnchen und ein kleiner
Pudel zu ihr hinunter. Ein Rehkitz und ein Delfin
sind auch dabei. ▸

▸ Auf dem Tisch liegt
ein dickes Buch.
„Alles über den Spatz",
steht auf der Titelseite.

Zwei Stunden später hüpft Lilli aus dem Bett.
Ihre Haare flattern hoch und runter.
Auf Zehenspitzen tippelt sie zum Schreibtisch und holt drei Boxen hervor.
„Spezial-Körnermischung", „Haferflocken", „Sonnenblumenkerne", steht auf den Schildern.
Lilli öffnet das Fenster. Ihr Zimmer im vierten Stockwerk geht nach hinten zum Hof hinaus.
Dort stehen drei Müllcontainer und ein verrostetes Fahrrad.
Rundherum nur Beton. Keine Blume, kein Grün.
Aber Lilli schaut von ihrem Zimmer auf die grüne Hauswand des Nachbargebäudes. Sie ist dicht bewachsen mit Efeu. Hinter den Blättern und zwischen den Ästen ist der beste Unterschlupf für Lillis Lieblinge.
Die Efeuwand ist eine perfekte Spatzen-Wohnanlage mitten in der Stadt.

„Guten Morgen",
begrüßt Lilli die Spatzen.
„Tschilp, tschilli",
tönt es aus dem Grün
und von der Mauer gegenüber.

An der Hauswand ist viel los.
Einige Spatzen starten gerade und fliegen weg.
Andere kommen an und landen.
Aus einer Box holt Lilli eine Handvoll Körner.
Mit Schwung wirft sie das Futter zum Mauervorsprung
in der Efeuwand. Einige Körner verfehlen das Ziel
und fallen auf die Müllcontainer.
Plötzlich hört Lilli noch mehr Getschilpe von der Wand.
Schnell schaut sie durch ihr Fernglas. Damit kann
sie sogar die kräftigen Schnäbel der Vögel sehen.
Die Spatzenmännchen haben einen grauen
Mittelscheitel, helle Wangen und eine schwarze
Kehle.
Das braune Rückengefieder hat verschiedene
Brauntöne.
Die Weibchen haben einen hellbraunen Kopf mit
Augenstrich, ein hellbraunes Brustgefieder
und eine helle Unterseite.
Ein Spatz hüpft besonders hektisch. Er hat
im grauen Mittelscheitel eine kleine weiße Feder.
Das ist sehr ungewöhnlich. Lilli nennt ihn Chilly. ▸

▸ Lillis Vater kommt ins Zimmer.
„Guten Morgen, Lilli.
Ach, du bist schon wach?",
wundert er sich.
„Das Frühstück ist fertig!"

„Ich bin gleich da!", antwortet Lilli.
Sie wirft eine zweite Handvoll Körner
zum Vorsprung.
Und gleich noch eine dritte hinterher.
Diesmal stürzt eine Möwe in den Flug der Körner.
Am nahe gelegenen Fluss **stibitzen** die Möwen den
Kindern regelmäßig Brötchen aus den Händen.
Hier im Hof schnappen die Möwen den Spatzen
Lillis Körner schon aus der Luft weg.
Da ist noch eine Möwe. Die Spatzen wirbeln auf.
Möwen mag Lilli auch. Aber sie muss aufpassen,
dass für die Spatzen genug Futter übrig bleibt.
Sie verteilt ihre Körner geschickt.
„Guten Appetit!", murmelt sie und blinzelt in die Sonne.
„Lilli, kommst du?", ruft ihr Vater.
Sie schließt das Fenster und läuft in die Küche.
Ihre Eltern sitzen schon am Tisch. ▸

Kennst du andere Wörter für stibitzen?

▸ Lilli beißt in ihr Brötchen.
„Mmmmmh!", sagt Lilli und grinst.
Ihr Mund ist klebrig und rot.
Es geht eben nichts über
Marmelade, findet Lilli.

Nach dem Frühstück wäscht Lilli sich
und zieht sich an. Sie radelt morgens gemeinsam
mit ihrem Vater zur Schule.
Er arbeitet nur ein paar Straßen von Lillis Schule
entfernt.
„Wir müssen los, Lilli!", drängelt ihr Vater.
Lilli schnappt ihren Rucksack, auf dem ein Pferdekopf,
ein Hundekopf und ein Katzenkopf zu sehen sind.
„Hallo, Herr Sauber!", grüßt Lilli den Hausmeister,
als sie an ihm vorbeifahren.
„Zack-zack-zack", klappert die Schere
von Herrn Sauber.
Der Hausmeister stutzt einige Grashalme
am Wegesrand.
Er murmelt jeden Morgen etwas in seinen Bart.
Das kann Lilli aber nicht verstehen.
Und „zack", schon schnappt seine Schere wieder zu.
„Papa, siehst du den putzigen Pudel dort?", ruft Lili.
„Schau auf die Straße!", mahnt ihr Vater.
„Sonst passiert noch was!" ▸

„Tschüss, Papa!", ruft Lilli
vor der Schule.
Sie schließt ihr Fahrrad an.

TOLLE TIERE ÜBERALL

Auf dem Boden bemerkt Lilli eine schwarze Linie, die sich bewegt.
Eine Ameisenstraße führt direkt in eine Steinritze.
Plötzlich quietschende Reifen.
Nur mit einer Vollbremsung kann Pit verhindern, mit Lilli zusammenzustoßen.
„Bei dir piept's wohl!", schimpft Pit.
„Wohin wollen die Ameisen?", fragt Lilli.
„Das ist mir doch egal!", antwortet Pit.
Lilli ist das aber nicht egal. Auch als der Unterricht beginnt, grübelt sie weiter. Sie schaut aus dem Fenster und entdeckt in dem Baum eine Katze. Die Katze nähert sich einem kleinen Grünfinken bis auf wenige Zentimeter. Der Fink pickt an einem Zweig.
Achtung, kleiner Fink!, denkt Lilli. Schnell öffnet Lilli das Fenster und wedelt mit den Armen.
Der Vogel fliegt weg. Die Katze schaut ihm nach.
„Der Fink ist gerettet", verkündet sie stolz.
Einige Kinder klatschen. ▸

„Lilli! Setz dich bitte an deinen Platz",
fordert die Lehrerin.
„Und mach das Fenster wieder zu.
Beeil dich!"

„Wollt ihr Schuli kennenlernen?",
fragt Lilli in der Pause. Einige Kinder winken ab,
aber ein paar schauen neugierig.
„Da bin ich mal gespannt", sagt Pit und mischt sich
in die Traube Kinder, die Lilli folgt.
„Dort ganz oben! Seht ihr es?", fragt Lilli.
Ein Eichhörnchen läuft aufgeregt an einem Ast
hoch und runter und wieder hoch und wieder runter.
„Wie süß!", schwärmt ein Mädchen.
„Das ist unser Schul-Eichhörnchen", sagt Lilli und
strahlt.
Carlos winkt ab. „Ein Eichhörnchen ist doch
langweilig! Ein Gecko oder eine Schlange,
das wäre cool!", sagt er.
„Lilli schaut sogar jeder Ameise hinterher", lacht Pit.
„Ich finde alle Tiere toll. Auch Leguane und
Regenwürmer", stimmt Lilli zu.
„Regenwürmer findest du toll? Du hast doch einen
Vogel!", sagt Carlos. ▸

Lilli hätte so gern ein Haustier.
„Tiere gehören nicht ins Haus!",
findet ihre Mutter.
„Und verreisen können wir dann auch
nicht mehr so einfach", sagt ihr Vater.
„Wir können das Tier doch nicht allein
zu Hause lassen."
Ein Meerschweinchen oder ein Kaninchen kann
man natürlich nicht so einfach mitnehmen.
Eine Katze oder einen Hund schon.
Aber alles Reden hilft nichts.
Zum Glück hat Lilli trotzdem Haustiere.
Genau gesagt leben ihre Haustiere nicht im Haus,
sondern am Haus.
Ihre Spatzen sind also Am-Haus-Tiere.
Von denen hat sie nicht eins, nicht zwei,
sondern dreißig oder mehr?
Lilli hat schon oft versucht, sie zu zählen,
aber das ist mit dem dichten Grün unmöglich. ▸

Zu Hause schaut Lilli zuerst nach
ihren Lieblingen.
Tschilli, tschipp, tschilli. Tschipp, tschipp.
„Bestimmt habt ihr Hunger", sagt sie
und wirft eine Handvoll Körner zur Hauswand
hinüber.
Wieder lautes Getschilpe.
Im gleichen Moment schaut Frau Holler,
die Nachbarin vom dritten Stock, nach oben.
„Dieser Lärm macht mich verrückt! Ich halte das
nicht länger aus!", meckert sie.
Lilli versteht Frau Holler nicht. Lilli liebt das
Getschilpe der kleinen Vögel. Der Gesang von
Blaukehlchen, Nachtigall und Goldammer mag
schöner sein als das schrille Getschilpe, aber hier
lebt nun mal eine Spatzenkolonie.
Und ihr Getschilpe übertönt den Straßenlärm,
der in den Hinterhof dröhnt. ▶

Sprichst du Spatzisch?
Wie die Vögel miteinander
sprechen, erklären wir dir
auf Seite 69.

▶Platsch!
Ein Vogelschiss klatscht
direkt auf Frau Hollers Haare.
„Sie haben da etwas am Kopf!",
ruft Lilli nach unten.

Aber Frau Holler hört nicht. Sie meckert nur weiter.
Kurz darauf beschwert sie sich bei Lillis Eltern.
„Vogelkacke auf dem Kopf, das geht eindeutig
zu weit!", schimpft Frau Holler.
Lilli holt tief Luft. Mit diesem Trick macht sie sich Mut.
„Ich kann doch nichts dafür, dass ein Spatz genau
ihren Kopf getroffen hat", entgegnet sie.
„Also, da hat Lilli recht", bekräftigt Lillis Mutter.
„Und krank machen die auch!", behauptet Frau Holler.
„Das stimmt nicht!", widerspricht Lilli. „Das steht in
meinem Vogelbuch."
„Und die Kratzer auf meiner Fensterbank?",
fragt Frau Holler.
„Stimmt das?" Lillis Mutter ist misstrauisch.
Sie läuft in Lillis Zimmer und schaut nach.
„Frau Holler hat recht, unsere Fensterbank hat
auch Kratzer", stellt Lillis Mutter fest.
„Die Spatzen waren das nicht, die sitzen doch nur
an der Wand. Die Kratzspuren waren schon da,
als wir hier eingezogen sind!" Lilli ist sich sicher.
Aber ihre Mutter hört nicht.

„Jetzt ist Schluss mit Füttern!
Die Vögel finden allein genug",
bestimmt ihre Mutter.
„Richtig so", sagt Frau Holler.
Sie geht zufrieden in ihre Wohnung.

LILLI GIBT NICHT AUF

Die Vögel sind nicht an den Kratzern schuld!
Das weiß Lilli genau. So eine Gemeinheit, die
Kratzer ihren Freunden in die Schuhe zu schieben!
Vielleicht kann sie ihren Vater überzeugen.
„In der Stadt finden die Kleinen nicht mehr genug zu
fressen. Überall wird gebaut. Überall verschwinden
Grünbereiche und Nistplätze. Sie brauchen unsere
Hilfe", beteuert Lilli. Sie zeigt ihrem Vater die
Textstelle in ihrem Vogelbuch. „Hier steht es!"
Ihr Vater zuckt nur mit den Schultern.
„Die einen sagen so, die anderen so", behauptet
ihr Vater. Er schaut weiter auf seinen Computer.
„Chilly und die anderen sind meine Freunde!
Ich kann sie doch nicht im Stich lassen?"
„Du hast recht, Freunden muss man helfen!
Aber Vögel sind keine richtigen Freunde",
beharrt ihr Vater.
„Doch! Chilly und die anderen sind richtige
Freunde", widerspricht Lilli. ▶

> Auf den Mitmach-Seiten am Ende dieses Buches erklären wir dir, wie du Futter-Plätzchen selber machen kannst.

Es bleibt dabei.
Lilli darf ihre Lieblinge
nicht mehr füttern.
Traurig schaut sie den Kleinen
bei ihren Flügen zu.

Auf dem Mauervorsprung liegt kein Krümel mehr.
Die kleinen Vögel suchen zwischen den
Müllcontainern nach Futter.
Ob sie die Katze, die hier manchmal rumstreunt,
rechtzeitig bemerken?
Lilli lächelt. Den Finken in der Schule konnte
sie retten. Aber sie kann nicht immer da sein.
Und was ist, wenn die Spatzen nicht genug
zu fressen finden?
Jeden Tag haben sich die Kleinen auf ihre
Fütterung gefreut.
Sie kann damit doch jetzt nicht einfach aufhören!
Lilli beobachtet, wie ein Spatz einem anderen ein
Korn aus dem Maul klaut.
„Ich gebe euch nicht auf!", flüstert sie.
Nachdenklich kritzelt sie eine weiße Feder, wie sie
Chilly auf seinem Kopf hat, auf ein Blatt Papier.
Auch allen anderen Tieren da draußen, die in Not
sind, will sie helfen.
Aber was kann sie tun?
Ich gründe einen Geheimbund, beschließt Lilli.

Da sieht sie Chilly. Sofort weiß sie, wie der Geheimbund heißen soll: „Zauberfeder".

Ganz hinten im Schrank findet sie den Moosgummi.
Damit hat sie Blumenstempel gebastelt.
Diesmal zeichnet sie eine Feder auf den Gummi.
Mit einer Nagelschere schneidet sie die Feder aus.
Das geht prima und sieht richtig gut aus.
Dann klebt sie den Gummi auf ein kleines Stück dicken Karton. Und schon ist der Stempel fertig!
Sie drückt ihn auf ihr rotes Stempelkissen.
Eine rote Feder: Das ist das Zeichen für den Geheimbund Zauberfeder.
Der Stempelabdruck leuchtet vom Blatt in ihrem Vogelbuch.
Natürlich braucht jeder Geheimbund auch eine Geheimsprache. Aber wie kann sie mit den Tieren sprechen?
Menschen, die mit Tieren Gespräche führen, gibt es nur in Märchen.
Da hat Lilli eine Idee: Sie nimmt das Tschilpen der Spatzen mit ihrem Smartphone auf.

▸Das klappt!
Das Tschilpen ist gut zu hören.
Dann wartet sie,
bis Frau Holler das Haus verlässt.

Frau Holler kauft immer zur gleichen Zeit ein.
So auch heute.
Das ist die Gelegenheit, um das Experiment
zu starten.
Schnell stellt Lilli ihren Stuhl vor ihre Zimmertür und obendrauf den Mülleimer. Kommt jetzt jemand ins Zimmer, poltert der Eimer vom Stuhl.
Diesen Schreckmoment kann Lilli nutzen, um das Futter zu verstecken.
Lilli öffnet das Fenster und spielt das Getschilpe auf ihrem Smartphone ab. Nichts passiert.
Sie stellt den Ton auf volle Lautstärke. Wieder nichts.
Warum hören die Spatzen nicht auf sie?
Lilli wiederholt das Getschilpe wieder und wieder.
Da flattert der erste Spatz auf die Fensterbank.
Chilly! Hinter ihm folgt der zweite. Immer mehr Vögel setzen sich zu Lilli auf die Fensterbank.
Es klappt! Die Kleinen fressen sogar aus Lillis Hand.
Lilli horcht. Ihre Mutter geht an der Tür vorbei.
„Uiii, eure Schnäbel kitzeln", lacht Lilli.
„... acht, neun, zehn", zählt Lilli die Freunde. „Super! Ihr gehört alle zum Geheimbund Zauberfeder." ▸

▸ Chilly hüpft auf Lillis Schulter.
Lilli hält ganz still.
Sie dreht den Kopf langsam zu ihm.
Seine Augen glänzen.

„Raputsch-bamm-bumm", tönt es durchs Zimmer.
Der Mülleimer poltert vom Stuhl.
Chilly erschrickt.
Aufgeregt flattert er mit den anderen Spatzen
zurück in die Efeuwand.
Schnell versteckt Lilli das Futter unten im Schrank.
„Wieso steht dein Stuhl vor der Tür?", wundert sich
ihr Vater. Ohne eine Antwort abzuwarten, fragt er:
„Hast du deinen Schlafanzug eingepackt?
Wir fahren gleich los. Opa erwartet uns schon."
Mist! Opas 70. Geburtstag hat Lilli ganz vergessen!
Lilli mag ihren Opa. Sie weiß auch, wie schön ein
großes Geburtstagsfest mit vielen Gästen ist.
Aber Lilli fühlt sich gar nicht wohl, als sie wegfahren.
Die kleinen Spatzen sollen nicht denken, dass
Lilli sie nicht mehr füttert. Sie wird ihnen am
Sonntagabend eine besonders große Portion
Körner geben. ▲

Auf der Fahrt sieht sie
einen großen Schwarm Vögel
am Himmel.
Ob ihre Lieblinge
genug Futter finden?,
überlegt Lilli.

Nach der Rückkehr am Sonntagabend läuft Lilli schnell in ihr Zimmer. Auf den ersten Blick sieht sie die Katastrophe.
„Was ist hier passiert?", ruft sie entsetzt und streckt den Kopf aus dem Fenster.
Die Wand gegenüber leuchtet in strahlendem Weiß. Das Efeu ist weg! Nirgendwo ein Blatt.
Unten kehrt Herr Sauber gerade den Hof.
„Gestern hab ich den ganzen Dreck weggemacht und alles frisch gestrichen. Sieht das nicht toll aus?", ruft Herr Sauber nach oben.
„Wo sind die Spatzen?", brüllt Lilli hinunter.
„Wie bitte? Was?", fragt der Hausmeister nach.
„Wo sind jetzt die Spatzen?", wiederholt Lilli.
Der Hausmeister zuckt mit den Schultern und kehrt weiter.
Kein Tschilpen ist zu hören. Nirgendwo ein „Schilp-schilp". Nichts.
Nur das „Wisch-wisch" von Herrn Saubers Besen und das Gehupe von der Straße sind zu hören. ▸

Die kleinen Spatzen brauchen
einen Unterschlupf!
Irgendwo müssen sie doch wohnen!
Aber wo?

WO SIND LILLIS FREUNDE?

Wie kann Lilli ihre Freunde nur wiederfinden?
Da hat sie eine Idee.
Mit ihren Tonaufnahmen wird sie ihre Lieblinge zu
sich rufen.
Lilli spielt das Getschilpe ab. Aber kein Spatz
meldet sich.
Auch nach weiteren Versuchen tut sich nichts.
Alle Nachbarn kennen die Spatzen. Vielleicht
hat jemand beobachtet, in welche Richtung
die Vögel geflogen sind?
Sie klingelt beim Nachbarn gegenüber.
„Ich habe nichts gesehen", sagt der Mann.
„Ich habe andere Sorgen", erklärt ein anderer
Nachbar.
Die Verkäuferin in der Bäckerei gegenüber hat
einen Hund! Bestimmt mag sie auch Vögel.
Vielleicht kann sie Lilli einen Tipp geben.
Lilli stellt sich in die lange Schlange und wartet,
bis sie endlich an der Reihe ist.
In dem Moment betritt Frau Holler den Laden. ▸

„Wissen Sie, wo die Spatzen sind?",
fragt Lilli die Verkäuferin.
„Sind die weg?", fragt die Frau.
Sie kann Lilli nicht helfen.

„Endlich ist Schluss mit dem Dreck überall",
mischt sich Frau Holler ein.
„Mir haben die Spatzen ständig auf den Kopf
gemacht!"
„Das war doch nur einmal!", stellt Lilli klar.
„Willst du Frechdachs behaupten, dass ich lüge?"
Frau Holler schaut Lilli mit großen Augen an.
„Die sollen ihren Dreck woanders lassen!",
schimpft sie.
„Ich finde, die Hauswand ist jetzt richtig schön!",
freut sich ein anderer Kunde. „Das Unkraut
war wirklich nicht hübsch!"
„Aber in dem Efeu haben Spatzen gewohnt.
Eine ganze Kolonie! Vielleicht zwanzig oder mehr",
sagt Lilli.
„Die finden ein anderes Plätzchen", meint der Mann.
Hoffentlich!, denkt Lilli.
„Die haben vielleicht auch gebrütet", fällt Lilli
plötzlich ein. „Was ist mit den Kleinen, die noch
gar nicht fliegen können?"

Hast du schon einmal einen Spatz aus der Nähe gesehen?

Frau Holler und die
Verkäuferin sagen nichts.
Lilli ist ratlos.
Wo könnten die
Spatzen jetzt sein?

Lilli packt ihren Rucksack: eine Taschenlampe, eine Schachtel Kekse als Lockmittel, eine Flasche Wasser, ein Brötchen und eine Banane.
Sie will erst wieder nach Hause kommen, wenn sie weiß, wo die Kleinen jetzt sind.
Ein ganzer Schwarm Vögel kann sich doch nicht einfach in Luft auflösen! Aber in welche Himmelsrichtung sind sie geflogen? Und wie weit?
Lilli sucht überall: an der Bushaltestelle, hinter der Pizzeria, neben dem Frisör.
Überall spielt sie ihr Getschilpe von ihrem Smartphone ab. Niemand antwortet auf ihre Rufe.
Nach Stunden sitzt Lilli müde und enttäuscht auf einer Bank.
Sie überlegt, ob sie wieder umkehren soll.
Vielleicht sind die Spatzen längst am anderen Ende der Stadt.
Sie trottet zurück nach Hause. Wo sind meine Freunde? Wo?, überlegt sie.
Fast stolpert Lilli über ein Mädchen, das mitten auf dem Gehweg steht. ▸

Das fremde Mädchen streckt
schützend ihre Arme aus.
„Achtung! Achtung!"
Sie deutet auf etwas,
das auf dem Boden liegt.

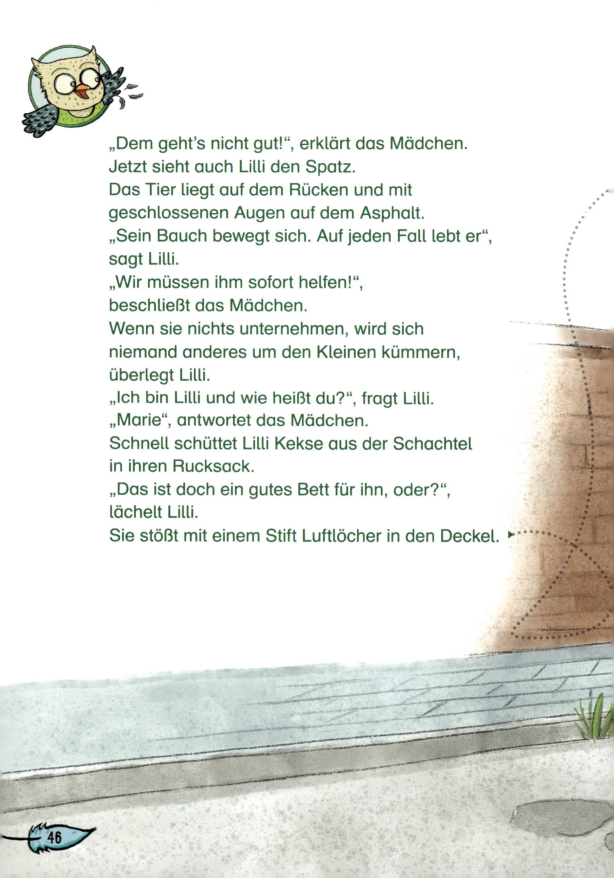

„Dem geht's nicht gut!", erklärt das Mädchen.
Jetzt sieht auch Lilli den Spatz.
Das Tier liegt auf dem Rücken und mit
geschlossenen Augen auf dem Asphalt.
„Sein Bauch bewegt sich. Auf jeden Fall lebt er",
sagt Lilli.
„Wir müssen ihm sofort helfen!",
beschließt das Mädchen.
Wenn sie nichts unternehmen, wird sich
niemand anderes um den Kleinen kümmern,
überlegt Lilli.
„Ich bin Lilli und wie heißt du?", fragt Lilli.
„Marie", antwortet das Mädchen.
Schnell schüttet Lilli Kekse aus der Schachtel
in ihren Rucksack.
„Das ist doch ein gutes Bett für ihn, oder?",
lächelt Lilli.
Sie stößt mit einem Stift Luftlöcher in den Deckel.

Marie streckt den Daumen hoch.
Die Keksschachtel passt perfekt!
Dann öffnet sie den Knoten
von ihrem Halstuch.
Sie legt es ab und breitet es aus.

„Super! Damit kann er weich liegen!",
freut sich Lilli.
„Nein, dafür ist es nicht. Das brauchen wir, um den
Spatz aufzuheben und ihn wieder abzulegen.
Außerdem beruhigt ihn die Dunkelheit etwas."
Lilli staunt. „Was du alles weißt!"
„Ich war schon einmal dabei, als mein Opa eine
Taube gerettet hat", erklärt Marie.
So ein Glück!, denkt Lilli.
Chilly auf der Hand und auf der Schulter zu haben,
ist aufregend und lustig. Aber ein krankes Tier zu
transportieren, ist etwas anderes.
„Ich weiß nicht, ob ich alles richtig mache",
meint Lilli unsicher.
„Beim Helfen kannst du nichts falsch machen.
Das sagt mein Opa immer. Also los!"
Marie kniet sich vor den Vogel. Sie legt das
Tuch vorsichtig auf das Tier, greift es damit
und legt es in die Schachtel.
Dann schließt sie den Deckel.

„Wir bringen ihn zu Opa!
Vielleicht kann er uns helfen!",
sagt Marie.
„Er wohnt dort hinten
gleich neben dem Friedhof."

Lilli folgt Marie mit der Schachtel in beiden Händen.
Dabei übersieht sie eine Bordsteinkante und stolpert.
Sie hält die Schachtel in die Luft und fällt mit
den Knien auf den Asphalt. „Autsch!"
„Ist dir was passiert?", fragt Marie.
Lillis Knie sind aufgeschürft und brennen.
„Zum Glück blutet nichts. Dem Spatz ist nichts
passiert", meint Lilli. Sie nimmt die Schachtel
fest unter den Arm.
„Hier entlang." Marie öffnet eine kleine Pforte.
Sie läuft am Haus vorbei nach hinten in den Garten.
„Hallo, Opa. Ich bringe Besuch mit!", ruft sie.
Maries Großvater sitzt auf einer kleinen Gartenbank
an der Hauswand.
„Ach, das ist ja eine nette Überraschung."
Marie erzählt von dem Spatz und ihrer Begegnung
mit Lilli.
„Hilfst du uns, ihn wieder gesund zu machen?",
fragt Marie.
„Gut, dass ihr ihn mitgebracht habt",
sagt Maries Opa.
„Dann wollen wir mal schauen!" ▸

Vorsichtig öffnet er die Schachtel.
Lilli setzt sich neben ihn.
Marie schaut mit langem Hals.
Kann der Kleine gerettet werden?

„Seine Augen sind jetzt offen.
Er liegt auch nicht mehr auf dem Rücken",
berichtet Marie aufgeregt.
Der Spatz hockt in einer Ecke der Schachtel.
Maries Opa vermischt ein weißes Pulver mit Wasser.
„Traubenzuckerwasser ist bei Vögeln sehr beliebt!",
sagt er und füllt eine **Pipette** mit der Flüssigkeit.
Mit der dünnen Glasröhre träufelt er das süße
Wasser auf den kleinen Schnabel. Aber der Spatz
reagiert nicht.
„Das ist köstlich!", preist Maries Opa das
Zuckerwasser an. „Jetzt! Er trinkt!", sagt er.
„Super!", ruft Lilli und klatscht mit Marie ab.
„Freut euch nicht zu früh. Er sieht sehr
mitgenommen aus", sagt Maries Opa und übergibt
seiner Enkelin die Pipette.
Er erklärt, was der Spatz zu fressen braucht,
wie oft und wann.
Vieles hat Lilli auch schon in ihrem Vogelbuch
gelesen.
Der Spatz trinkt und trinkt.
„Verschluck dich nicht!",
sagt Marie und lächelt.

> Pipette ist französisch und bedeutet „kleine Pfeife". Das kleine Glasröhrchen hat am unteren Ende eine verengte Spitze. Damit kann man geringe Flüssigkeitsmengen besonders gut entnehmen, abmessen und übertragen.

„Gleich kannst du auch was fressen",
kündigt Lilli dem Spatz an.
Zum Glück liegt der kleine Vogel
nicht mehr auf dem harten Asphalt.

GEHEIMBUND ZAUBERFEDER

Maries Opa mischt Haferflocken mit Wasser.
Mit einem Stöckchen streckt er dem Kleinen
den Brei hin. Aber auch nach mehreren Versuchen
rührt der Spatz das Futter nicht an.
„Ist das ein schlechtes Zeichen?", fragt Marie.
Ihr Opa winkt ab. „Nein, nicht unbedingt.
Er muss sich wahrscheinlich noch erholen,
dann kommt auch der Appetit."
„Ich suche eine ganze Spatzenkolonie", sagt Lilli.
Sie erzählt von der verschwundenen Efeuwand
und den vertriebenen Spatzen.
„Ich habe sie überall gesucht, aber niemand weiß,
wo sie jetzt sind."
„Die Kolonie findet hoffentlich in der Nähe
einen passenden Wohnsitz", sagt Maries Opa.
„Aber du kannst als Ersatz für das Efeu Vogelhäuser
bauen. Also Spatzen-Mehrfamilienhäuser. Spatzen
wohnen gern nah beieinander. Darum leben
sie auch oft in großen Gemeinschaften. Vielleicht
zieht dann eine neue Kolonie bei dir ein?" ▸

„Super, ich helfe dir!", ruft Marie.
„Aber wie baut man denn
ein Vogelhaus?", fragt Lilli unsicher.
Sie hat noch nicht oft gehämmert,
geschraubt oder genagelt.

„Opa zeigt uns, wie das geht", sagt Marie.
„Genau! Der Spatz ist fürs Erste gut versorgt",
verkündet Maries Opa.
„Jetzt bauen wir ihm ein schönes Haus!"
Er breitet eine große Zeichnung auf dem Tisch aus.
Lilli und Marie drehen den Kopf hin und her.
Was bedeuten die vielen Linien und Zahlen?
Maries Opa erklärt den beiden alles ganz genau.
„Das ist ein Bauplan für Nistkästen, ganz ähnlich
wie die, die ich für meine Tauben gebaut habe."
„Ich weiß nicht, ob ich das kann", sagt Lilli vorsichtig.
„Aber klar!", sagt Maries Opa. „Los, wir schauen mal
nach, ob ich das ganze Material dafür dahabe."
Lilli staunt, als sie im Keller die große Werkzeug-
wand sieht. Dort hängen Sägen, Zangen, Hämmer
und Schraubenzieher. Schrauben, Nägel und andere
Sachen liegen in Kästen.
„Opa ist ein Bastelkünstler!", sagt Marie stolz.
Maries Opa holt ein paar Holzreste aus einer Kiste.
„Wir können gleich morgen loslegen.
Aber jetzt machen wir erst einmal einen Plan!"

▸ Maries Opa schreibt auf,
was alles zu tun ist:
Holz anzeichnen, sägen,
kleben, schrauben, malen.

Am nächsten Tag treffen sich Lilli und Marie
direkt nach der Schule, um gemeinsam
zu ihrem Spatz zu gehen.
„Wollen wir ihn Patz nennen?",
fragt Marie, als die beiden im Garten eintreffen.
„Patz?" Lilli überlegt. „Okay, Hauptsache, es geht
ihm besser."
„Patz schafft das! Bestimmt!", sagt Marie.
Lilli zuckt mit den Schultern. Sie ist sich da nicht
so sicher.
„Er frisst immer noch nicht, versuch du es mal",
sagt Maries Opa nach der Begrüßung.
Er gibt Lilli einen Löffel mit Brei. Lilli führt den Löffel
ganz vorsichtig an den Schnabel.
„Du musst fressen, du musst", säuselt sie sanft.
Sie stupst den Löffel Brei ein bisschen in
die Schnabelspitze.
Warum frisst du nicht?, überlegt sie.
Was machen wir falsch?
„Müssen wir doch zu einem Tierarzt?", fragt Lilli.
„Vielleicht ...", sagt Maries Opa.

Lilli stupst wieder vorsichtig
an den Schnabel.
„Du gehörst doch auch
zum Geheimbund,
du musst gesund werden!",
flüstert sie.

Welchen Namen würdest du einem Spatz geben?

„Endlich! Seht ihr? Er pickt!",
ruft Lilli plötzlich.
„Patz frisst!", jubelt Marie.
Auch Maries Opa freut sich.
Nach der Fütterung beginnen Marie und
Lilli gut gelaunt mit dem Bau ihrer Vogelhäuser.
Maries Großvater steht ihnen mit Rat und
Tat zur Seite.
Aber plötzlich haut Lilli mit dem Hammer daneben.
„Ich kann das nicht! Hab ich doch gleich gesagt!"
Wütend wirft Lilli den Hammer zur Seite.
„Der Nagel ist total schief drin!"
„Kein Problem! Hauptsache, der Nagel steckt am
richtigen Platz", beruhigt sie Maries Opa.
„Die Farbe sieht trocken ganz anders aus,
so wollte ich das nicht", schimpft Marie und
verzieht ihr Gesicht.
„Das Grün ist perfekt!", sagt Lilli.
„So sieht es nicht jeder sofort."
Marie stutzt.
„Ich will die Vogelhäuschen heimlich auf dem
Friedhof aufhängen", erklärt Lilli. ▸

Lilli will mit ihren Tonaufnahmen weiter nach ihren Freunden suchen. Sie erzählt Marie von ihrem Geheimbund.

„Geheimbund Zauberfeder?", wiederholt Marie.
Schnell legt Lilli den Finger auf den Mund.
Vom Geheimbund darf niemand erfahren.
„Der Geheimbund Zauberfeder hilft Tieren,
die draußen in Not sind. Du bist doch auch dabei,
oder?", flüstert Lilli.
Marie ist sofort begeistert.
Die beiden bauen in den folgenden Tagen
acht Spatzen-Mehrfamilienhäuser.
Mit dem Plan von Maries Opa klappt es gut.
Direkt auf die Dächer schrauben sie Haken.
So können sie die Vogelhäuser einfach
in die Bäume hängen.
„Super", freut sich Maries Opa.
„Das sind doch schöne Ersatzwohnungen."
Lilli zwinkert Marie zu.
Maries Opa weiß nicht, dass sie die Häuser
auf dem Friedhof aufhängen.
Jeden Tag pflegen Marie und Lilli nach
der Schule nun Patz.
Er hüpft von Tag zu Tag fröhlicher zwischen
Maries Hand und Lillis Hand hin und her. ▶

▶ Ob Chilly irgendwann wieder auf meiner Schulter hüpft?, überlegt Lilli.

Eine Woche nach der Rettung von Patz
verkündet Maries Opa:
„Es ist so weit! Patz ist nun kräftig genug
und darf fliegen."
Lilli und Marie öffnen den Käfig gemeinsam.
Der Kleine hüpft zum Ausgang und startet seinen
Flug zur Regenrinne.
„Mach's gut, Patz", ruft Lilli zu ihm hoch.
Plötzlich fliegt er über das Haus und ist
nicht mehr zu sehen.
„Ich bin froh, dass wir ihn retten konnten. Du auch?",
sagt Lilli und steckt Marie eine Vogelfeder ins Haar.
Marie nickt.
„Ich bin traurig, dass wir ihn nie mehr wiedersehen.
Du auch?", fragt Marie und steckt Lilli die andere
Feder ins Haar. Lilli nickt.
Marie folgt Lilli, die den Einkaufsrolli von Maries Opa
mit den Vogelhäuschen zieht, zum Friedhof.
Mit einem langen Stab hängen sie die
Spatzenwohnungen hoch in einen Baum.
Direkt daneben finden sie hinter einer kleinen
Mauer unter einem Busch den perfekten Platz
für den letzten Teil ihres Plans. ▲

Von dort rufen die beiden
mit den Tonaufnahmen
nach den Spatzen.
Das Getschilpe tönt in den Park.
Aber kein Spatz taucht auf.

Vier Tage lang treffen sich die Mädchen
am Friedhof und rufen nach den Spatzen.
Aber kein Vogel ist zu sehen.
„Das klappt nicht!",
stellt Marie enttäuscht fest.
Sie will die Suche abbrechen.
„Der Geheimbund Zauberfeder gibt nicht auf!",
stellt Lilli klar.
Plötzlich zeigt Lilli aufgeregt in den Himmel.
Im Fernglas sieht sie einen Spatz, dann zwei, dann
zehn, dann einen ganzen Schwarm! Zwei Vögel aus
dem Schwarm fliegen besonders nah zu den Mädchen.
„Siehst du die weiße Feder auf seinem Kopf?"
Lilli kann es nicht glauben. „Das ist Chilly!
Wir haben die Kolonie gefunden!"
Der andere Spatz fliegt zwischen Maries und
Lillis Hand hin und her. Die beiden wissen sofort,
dass es Patz ist.
Die Spatzen prüfen die Vogelhäuser sorgfältig:
Welches Haus ist das beste?
„Hoffentlich nehmen sie unsere Wohnungen an",
sagt Lilli.
Am nächsten Tag bringen die Spatzen Stöckchen
in ihre Häuser.
„Juhu! Sie ziehen ein!", jubelt Lilli.

Lilli holt die zwei Federn aus
dem Rucksack
und steckt sie sich und Marie
hinters Ohr.
Die Mädchen hüpfen und rufen:
„Zauberfeder, Zauberfeder!
Brauchst du Hilfe, kleines Tier?
Wir Zauberfedern helfen dir."

MITMACH-SEITEN

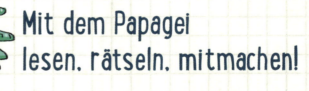

Mit dem Papagei lesen, rätseln, mitmachen!

Wie half ein Spatz beim Bau des Ulmer Münsters?

In vielen Sagen und alten Geschichten helfen Tiere den Menschen. So erzählt auch die Sage um den Bau des Ulmer Münsters (einer großen Kirche), wie ein Spatz den Arbeitern half: Die langen Balken für das Gerüst der Kirche transportierten die Bauarbeiter quer auf einer Schubkarre. Aber wie sollten sie die Balken durch das schmale Stadttor bringen? Mussten sie dafür das Tor abreißen? Da beobachteten sie einen Spatz, der einen Zweig quer im Schnabel zu seinem Nest brachte. Vor der kleinen Nestöffnung schob er das Hölzchen längs zum Schnabel und hüpfte damit in sein Nest.
„Das ist die Lösung!", rief ein Arbeiter. Alle halfen ihm, den Balken nun längs und nicht quer, auf den Karren zu legen. Und der Bau des Münsters konnte fortgesetzt werden.

Ob diese Geschichte wirklich wahr ist, ist nicht bewiesen. Wären die Ulmer wirklich bei diesem Problem so ratlos gewesen, hätten sie diese große Kirche wahrscheinlich nicht bauen können.
Aber rate mal, welches Tier als große Figur auf dem Dachgiebel der Kirche sitzt?

Schau genau!

Auf welcher Seite findest du diesen Bildausschnitt?

Seite: 63

Lösung: Seite 63

Sprichst du Spatzisch?

Vogelexperten haben herausgefunden, dass auch Spatzen miteinander sprechen, und diese Laute der Vögel genau untersucht. Hier findest du vier Beispiele aus einem Wörterbuch Spatzisch – Deutsch:

Tschielp – Ich will abfliegen!
Terr tetterterr – Achtung! Mögliche Gefahr!
Tät tärrtät tätät – Hau ab!
Schilp – Hier bin ich. Wo bist du?

Mehr dazu findest du in dem Buch von Uwe Westphal:
Mehr Platz für den Spatz!
Spatzen erleben, verstehen, schützen.
Pala Verlag 2016.

Zungenbrecher

Kannst du diesen Satz fehlerfrei sagen?
Probiere es auch in einem schnelleren Tempo.

Zwischen zweiundzwanzig Zwetschgenzweigen zwitschern zweiundzwanzig schwatzende Spatzen.

Rätsel: Reimwörter

Welche Vogelart reimt sich auf das jeweilige Wort? Verbinde.

1. Platz
2. Reise
3. Gabe
4. Allerlei
5. Löwe
6. Horch!
7. Hecht
8. Haube
9. Kohle
10. klar

a. Taube
b. Specht
c. Möwe
d. Papagei
e. Rabe
f. Star
g. Meise
h. Spatz
i. Storch
j. Dohle

Lösung: 1h, 2g, 3e, 4d, 5c, 6i, 7b, 8a, 9j, 10f

Was bedeutet „Dreckspatz"?

Wir Menschen unterstellen Tieren manchmal Übles. Zum Beispiel wird das Wort „Dreckspatz" wie „Schmutzfink" als Schimpfwort verwendet. Dabei reinigen sich Spatzen regelmäßig. Beim Baden in Sand pflegen sie ihren Körper. Die Vögel wackeln mit dem Körper hin und her und schütteln ihr Gefieder aus. So befreien sie ihr Federkleid von lästigen Tierchen, den Parasiten.

Erzähl mal!

- Hast du auch schon einmal einem Tier geholfen?
- Hast du sogar schon einmal einem Tier das Leben gerettet?

Ausprobieren: Vogelfutter-Plätzchen

Du brauchst für insgesamt 6–8 Plätzchen:
- 4 Esslöffel Kokosfett
- 6 Esslöffel fertige Vogelfuttermischung (Streufutter) für Wildvögel
- kleiner Kochtopf, Kochlöffel, 6–8 Ausstechförmchen, Strohhalm oder Streichholz
- Band zum Aufhängen

So wird's gemacht:

1. Erhitze das Kokosfett in einem kleinen Topf bei geringer Temperatur. Lass dir dabei von einem Erwachsenen helfen.
2. Gib die Körner nach und nach zum flüssigen Fett. Verrühre den Brei mit einem Kochlöffel gleichmäßig.
3. Lass die Masse mindestens 2 Stunden auskühlen und leicht antrocknen.
4. Fülle die weiche Masse löffelweise in die Ausstechformen. Dabei kannst du mit den Fingern nachhelfen, damit die Masse auch in die kleinen Ecken der Form gelangt.
5. Damit du die Plätzchen später aufhängen kannst, steckst du ein kurzes Stück Strohhalm oder ein Streichholz in die Masse. So entsteht beim Trocknen ein Loch für die Schnur zum Aufhängen.
6. Nach 4 Stunden ist die Masse ausgetrocknet. Am besten lässt du sie über Nacht stehen. Nun entfernst du die Strohhalme oder Streichhölzer. Durch das Loch ziehst du ein schönes Band. Daran hängst du das Vogelfutter-Plätzchen auf.

Fertig ist der Vogel-Snack!

Steckbrief: Irene Margil

Diese Geschichte hat sich **Irene Margil** ausgedacht. Sie lebt in Hamburg und hat schon viele Kinderbücher geschrieben. Regelmäßig erfindet sie neue Ideen, mit denen sie Lesungen interessant gestaltet.

**Viele weitere Informationen findest du unter:
www.irenemargil.de und www.gemeinsam-lesen.de**

Steckbrief: Ulla Mersmeyer

Ulla Mersmeyer ist in Bremen aufgewachsen und zeichnet, seit sie einen Stift halten kann. Wenn sie nicht für Verlage und andere Auftraggeber malt oder schreibt, dann liest sie, hört Hörbücher oder streift durch die bunte Großstadt Berlin auf der Suche nach leckeren Köstlichkeiten.

GEMEINSAM LESEN – DIE

- Zwei Schwierigkeitsgrade in einem Buch: Lesegeübte (Eule) + Leseanfänger (Spatz)

- Ermuntert Kinder, mit Eltern oder anderen Kindern zu lesen

- Tolle Tipps und Tricks zum Lesen und Vorlesen

ISBN 978-3-551-06853-8

übersichtliche Seitengestaltung und Fibelschrift für lesegeübte Kinder und Erwachsene

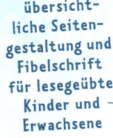

NEUE ERSTLESE-REIHE!

ISBN 978-3-551-06861-3

ISBN 978-3-551-06862-0

kurzer Text und Fibelschrift für Leseanfänger

www.carlsen.de

EINE TIERISCHE R

Bim ist eine neugierige Maus. In alles steckt sie ihre kleine Nase, deshalb ist die auch so schief und krumm. Als Bim erfährt, dass das vergessliche Frettchen Sonett in großer Gefahr schwebt, will sie sofort helfen.

Lesenlernen mit Spaß +Bim
- Für Leseanfänger ab 6
- Kurze und einfache Sätze
- Hoher Bildanteil
- Große Fibelschrift cool

ETTUNGSAKTION